HAICAIS TROPICAIS

Marsicano, Alice Ruiz S, Alonso Alvarez, Aluísio
za Dupré, Gustavo Alberto Correa Pinto, Jorge Fonse
nchetti, Paulo Mendes Campos, Primo Vieira, Régis Bo
rsicano, Alice Ruiz S, Alonso Alvarez, Aluísio Azevedo,
stavo Alberto Correa Pinto, Jorge Fonseca Jr., Manoe
lo Mendes Campos, Primo Vieira, Régis Bonvicino, Ri
e Ruiz S, Alonso Alvarez, Aluísio Azevedo, Austen Ar
erto Correa Pinto, Jorge Fonseca Jr., Manoel de Barros,
pos, Primo Vieira, Régis Bonvicino, Ricardo Silvestri
nso Alvarez, Aluísio Azevedo, Austen Amaro, Camila J
to, Jorge Fonseca Jr., Manoel de Barros, Marcelo Tápia,
ira, Régis Bonvicino, Ricardo Silvestrin, Sérgio Millie
ísio Azevedo, Austen Amaro, Camila Jabur, Eunice A
seca Jr., Manoel de Barros, Marcelo Tápia, Mario Qu
gis Bonvicino, Ricardo Silvestrin, Sérgio Milliet, Teruk
evedo, Austen Amaro, Camila Jabur, Eunice Arruda, F
Manoel de Barros, Marcelo Tápia, Mario Quintana,
vicino, Ricardo Silvestrin, Sérgio Milliet, Teruko Oda,
ten Amaro, Camila Jabur, Eunice Arruda, Fanny Luiza
Barros, Marcelo Tápia, Mario Quintana, Paulo Franchet
estrin, Sérgio Milliet, Teruko Oda, Alberto Marsicano
mila Jabur, Eunice Arruda, Fanny Luiza Dupré, Gust
rcelo Tápia, Mario Quintana, Paulo Franchetti, Pau
ardo Silvestrin, Sérgio Milliet, Teruko Oda, Alberto
evedo, Austen Amaro, Camila Jabur, Eunice Arruda, F
ge Fonseca Jr., Manoel de Barros, Marcelo Tápia, Ma
ira, Régis Bonvicino, Ricardo Silvestrin, Sérgio Millie
ísio Azevedo, Austen Amaro, Camila Jabur, Eunice
seca Jr., Manoel de Barros, Marcelo Tápia, Mario Qu
is Bonvicino, Ricardo Silvestrin, Sérgio Milliet, Teruk

Haicais tropicais

ORGANIZADO POR
RODOLFO WITZIG GUTTILLA

Boa Companhia

Copyright dos poemas © 2018 by Os autores
Copyright da introdução e das biobibliografias © 2018 by Rodolfo Witzig Guttilla

Grafia atualizada segundo o Acordo Ortográfico da Língua Portuguesa de 1990, que entrou em vigor no Brasil em 2009.

Capa e projeto gráfico Retina 78

Preparação Silvia Massimini Felix

Revisão Ana Maria Barbosa e Thais Totino Richter

Dados Internacionais de Catalogação na Publicação (CIP)
(Câmara Brasileira do Livro, SP, Brasil)

Haicais tropicais / Rodolfo Witzig Guttilla (org.). — 1ª ed. — São Paulo : Boa Companhia, 2018.

Vários autores
ISBN 978-85-65771-16-0

1. Haicais – Coletâneas 2. Poesia brasileira I. Guttilla, Rodolfo Witzig.

18-18908   CDD-869.1

Índice para catálogo sistemático:
1. Poesia haicai : Literatura brasileira   869.1

Maria Paula C. Riyuzo – Bibliotecária – CRB-8/7639

6ª reimpressão

Todos os direitos desta edição reservados à
EDITORA SCHWARCZ S.A.
Rua Bandeira Paulista, 702, cj. 32
04532-002 — São Paulo — SP
Telefone: (11) 3707-3500
www.companhiadasletras.com.br
www.blogdacompanhia.com.br
facebook.com/companhiadasletras
instagram.com/companhiadasletras
twitter.com/cialetras

Sumário

7 INTRODUÇÃO

15 Alberto Marsicano
23 Alice Ruiz S
31 Alonso Alvarez
39 Aluísio Azevedo
45 Austen Amaro
53 Camila Jabur
61 Eunice Arruda
69 Fanny Luiza Dupré
77 Gustavo Alberto Correa Pinto
85 Jorge Fonseca Jr.
93 Manoel de Barros
101 Marcelo Tápia
107 Mario Quintana
115 Paulo Franchetti
123 Paulo Mendes Campos
127 Primo Vieira
135 Régis Bonvicino
141 Ricardo Silvestrin
149 Sérgio Milliet
155 Teruko Oda

163 Agradecimentos
165 Créditos
167 Sobre o organizador

INTRODUÇÃO

ANTECEDENTES

O *hokku* (depois *haiku* ou haicai, em sua forma abrasileirada), poema japonês de três versos que descende do *waka* — gênero poético surgido no século VII —, atingiu o apogeu no século XVII com Bashô (1644-94). Poeta e praticante do zen-budismo, Matsuó "Bashô" nasceu na província de Iga, numa família de samurais. Entre 1662 e 1666, estudou poesia sob orientação de Kitamura Kigin (1624-1705). Em 1672, mudou-se para Edo (a Tóquio atual), capital do império, para se aprimorar nas artes da pintura e da poesia.

Reconhecido em vida como um mestre inigualável, Bashô fundou sua própria escola (a Shômon) e teve diversos seguidores. Dentre os mais importantes destacam-se Enomoto (Takarai) Kikaku, Hattori Ransetu, Mukay Kiorai, Kagami Shikô, Naitô Jôsô, Sugiyama Sampû, Shida Yaha, Ochi Etsujin, Tachibana Hokushi e Morikawa Kyoroku. Esse grupo ficou conhecido como "haicai Jittetsu" (os dez mestres do haicai). Além desses, vale ainda a menção a Nozawa Bonchô.

Em seguida a esse período virtuoso, Yosa Buson (1716--84), Kobayashi Issa (1763-1827) e Massaoka Shiki (1867--1902) se destacaram no *kadô* (ou "caminho da poesia"). Shiki, segundo a tradição, também se dedicou à pesquisa da intenção, da forma, do estilo e, de modo mais geral, da *poïesis* que anima o *haiku* (o leitor interessado pela poesia japonesa e sua história conta com uma extensa bibliografia nas línguas inglesa e francesa, e alguns poucos livros e artigos em espanhol e português).

O haicai foi introduzido no Brasil em 1906 por iniciativa de Monteiro Lobato, que pioneiramente traduziu e publicou seis poemas no jornal O *Minarete*. Em 1919, coube ao poeta e crítico Afrânio Peixoto estabelecer a primeira forma do haicai à brasileira: três versos, com cinco, sete e cinco sílabas, respectivamente, num total de dezessete sílabas métricas.

No ano emblemático de 1922, o haicai (então grafado *haikai*, ou *hai-kai*, por influência francesa) era não só praticado, como também discutido por poetas modernistas: o segundo número da revista *Klaxon: Mensário de Arte Moderna*, veículo do movimento, publicou o artigo "A poesia japonesa contemporânea", assinado por Nico Hourigoutghi, ensaísta e poeta de refinados *tanka* (outra forma poética japonesa que tem forte ligação com o haicai). Ainda nos anos 1920, influenciado pelo ambiente inovador e criativo da época, o poeta *gauche* Carlos Drummond de Andrade publicou seus primeiros haicais na revista de variedades *Para Todos*, em 27 de junho de 1925.

Modernista de primeira hora, Guilherme de Almeida divulgou o pequeno poema japonês nos anos 1940 e na década seguinte, por meio de artigos no jornal O *Estado de S. Paulo* e de poemas reunidos em *Poesia vária* (1947) e O *anjo de sal* (1951). Também redefiniu a forma abrasileirada do haicai: três versos de dezessete sílabas métricas, o primeiro verso com cinco, o segundo com sete e o último novamente com cinco sílabas, a exemplo de Afrânio incorporando uma cadência de rimas nas últimas sílabas tônicas dos primeiro e terceiro versos, acompanhada por uma rima interna no segundo verso, resultando no seguinte arranjo:

```
_ _ _ _ X
_ O _ _ _ _ O
_ _ _ _ X
```

Em sua época, Guilherme de Almeida inaugurou as primeiras trocas de informações sobre o *haiku* e o haicai entre os imigrantes japoneses, seus descendentes e poetas locais, estabelecendo um intercâmbio inédito de grande valor heurístico para as gerações seguintes.

Mais tarde, autores tão distintos como Manuel Bandeira, João Guimarães Rosa, Mario Quintana, Oldegar Vieira, Erico Verissimo e Haroldo de Campos criaram, traduziram e comentaram o pequeno poema. Nos anos 1960 e 1970, radicalizando a dicção poética e a temática modernista, Millôr Fernandes popularizou o haicai no país, projetando-o em revistas de grande circulação nacional, como O *Cruzeiro* e *Veja*. Nas duas décadas seguintes, o haicai se consolidou como uma das mais populares formas poéticas em nosso país, como afirmou o poeta e crítico Carlos Felipe Moisés. Dentre os que colaboraram para esse êxito, destacam-se principalmente Alice Ruiz S, Olga Savary e Paulo Leminski, que atraíram e cultivaram novos leitores por meio de publicações exemplares. E, num diapasão mais próximo ao classicismo — tanto pela temática como pelo estilo —, se destacaram Eunice Arruda e Teruko Oda.

Ao longo do tempo, o poema assumiu múltiplos e surpreendentes contornos em nosso país (muito diferentes da norma tradicional do *haiku*, bem como das formas abrasileiradas). Haicai mestiço e muito original, sempre em progresso.

HAICAIS TROPICAIS

A partir de meados dos anos 1980, dediquei-me a investigar a aclimatação do haicai no Brasil. A pesquisa teve como ponto de partida fontes primárias (primeiras edições e coletâneas de autores brasileiros que produziram ou comentaram o poema) e secundárias, como resenhas e reportagens publicadas em jornais e revistas de circulação nacional e de nicho divulgadas ao longo dos anos. Em 1987, participei da criação do Grêmio Haicai Ipê, na cidade de São Paulo, dedicado ao estudo do *haiku* e do haicai no Brasil. Foi um período de grande aprendizado.

Como resultado desse trabalho, a Companhia das Letras publicou, em 2009, a coletânea *Boa companhia: Haicai*, que reuniu mais de duzentos haicais exemplares de poetas, escritores, tradutores e críticos de grande expressão e de haicaístas (poetas que se dedicaram ao haicai) conhecidos por um restrito grupo de amantes da boa poesia e do diminuto poema. No total, 24 autores, parcialmente agrupados em outras coletâneas, ensaios e artigos que inspiraram este organizador, como: O *haicai no Brasil* (1988), de H. Masuda Goga; "Influência da poesia oriental na literatura luso-brasileira: O hai-kai" (1989), de Primo Vieira; *Haikai* (1990), de Paulo Franchetti, Elza Taeko Doi e Luiz Dantas; *100 haicaístas brasileiros* (1990), de Francisco Handa, H. Masuda Goga e Roberto Saito; e *Oku: Viajando com Bashô* (1995), de Carlos Verçosa.

Boa companhia: Haicais tropicais é um novo registro da presença do haicai em nosso país, publicado no ano em que celebramos os 110 anos da imigração japonesa para o Brasil. Neste volume, procurei elencar autores que flertaram com o poema ou o adotaram em sua melhor forma para expressar sua visão de mundo e sua prática poética. Poetas e poemas que fazem parte de meu repertório e que, de forma distinta, admiro e acompanho.

Ao longo dos anos, examinei fontes diversas, como o artigo "Algumas aproximações entre a literatura do Brasil e do Japão", de Geraldo Pinto Rodrigues, que, durante anos, dirigiu a página "Semana Literária" do jornal *Folha da Manhã* — atual *Folha de S.Paulo*. Publicado em 1958, ano em que o Brasil celebrava o cinquentenário da imigração japonesa, o artigo revela as contribuições de poetas como Abel Pereira, Fanny Luiza Dupré, Guilherme de Almeida, Jorge Fonseca Jr. e Manuel Bandeira, dentre outros — alguns enfeixados aqui. Nessa nova jornada, decidi entrevistar poetas contemporâneos como Alonso Alvarez, Camila Jabur, Ricardo Silvestrin e Alice Ruiz S (com quem iniciei os contatos ainda nos anos 1990 e que, tendo em vista a qualidade de sua produção recente, foi incluída nesta nova antologia). Em minha investigação, topei ainda com tercetos e haicais publicados por Murilo Mendes e Paulo Mendes Campos.

Como não poderia deixar de ser, a seleção dos poemas, que mistura criações próprias a traduções de haicais clássicos — essas últimas grifadas em itálico —, se pautou pelos estados de espírito essenciais para a prática do haicai, como definidos por Reginald Horace Blyth (1898-1964) em sua tetralogia *Haiku*. São eles: abnegação, aceitação da solidão, desprendimento, ausência do ego, acolhimento da contradição, liberdade, simplicidade, ausência de moralidade, amor pelas coisas materiais e inanimadas, coragem e, por fim, humor, dentre os principais. Em linhas gerais, são estados de espírito presentes no zen-budismo e ausentes em nosso dia a dia — regido por valores materiais. O segredo da vida plena reside em buscar a justa medida e o equilíbrio, em harmonia com o mistério tremendo e transitório de nossa experiência humana — também breve, como o haicai.

Nas páginas que seguem, apresentamos vinte poetas que, de forma única e múltipla, contribuíram para a popularização do haicai no Brasil. Haicais tropicais.

Rodolfo Witzig Guttilla
16 de julho de 2018

ALBERTO MARSICANO

Rua principal.
Carros imergem
na bruma.

Poema sem palavras
Harpa sem cordas
Portal sem portas

Freme frágil folha
fléxil flana flui
facho fléxil flutua

fim de primavera
choram os pássaros
lacrimejam os peixes

*mãos que plantam o arroz
são as mesmas que
outrora tingiam seda*

*até as chuvas de maio
— deixaram intocado
o reluzente templo*

*entre pulgas e piolhos
recostado no travesseiro
ouvia os cavalos mijarem*

*sol ardente
apesar do vento
de outono*

*caem folhas do salgueiro
desejaria varrer o jardim
antes de partir*

nuvemovente céu
me impediu contemplar
a lua cheia de outono

mais melancólico
que a praia de Suma
o fim de outono

como as valvas do marisco
que se separam em maio
adeus, amigos, sigo através!

ALBERTO MARSICANO
(São Paulo, SP, 31 jan. 1952 — São Paulo, SP, 18 ago. 2013)

Em sua oficina poética, Alberto Marsicano pesquisou, traduziu e compôs o haicai com apuro e perspicácia. Em 1988, publicou o livro *Haikai*, no qual verteu para o português, com a colaboração de Kensuke Tamai e Beatriz Shizuko Takenaga, poemas clássicos de Bashô, Busson, Issa, Jôsô, Kikaku e Shiki, dentre os mais conhecidos poetas da tradição nipônica. A edição foi ilustrada com delicados ideogramas pelo pincel de Kyoko Tosaka, praticante do *shodô* (ou "caminho da escritura", técnica que elevou a caligrafia japonesa ao status de arte).

Na música, foi discípulo de Krishna Chakravarty e Ravi Shankar. Introdutor e virtuose do sitar (instrumento de corda hindu) em nosso país, Marsicano criou um magnífico ambiente sonoro para o CD *Galáxias*, com poemas do livro homônimo de Haroldo de Campos, em 1984. Na literatura, além do ofício propriamente poético, traduziu expoentes da poesia inglesa como William Blake, John Milton, Percy B. Shelley e William Wordsworth.

Em 6 de dezembro de 1986, o haicai que inaugura esta antologia foi reconhecido no I Encontro Brasileiro de Haicai. Os dois seguintes foram publicados na coletânea *100 haicaístas brasileiros*, no mesmo ano — sendo que o segundo denuncia sua forte ligação com o estilo de Pedro Xisto, exímio haicaísta de estirpe concretista.

Os demais poemas são fruto da mais brilhante contribuição de Marsicano para a aclimatação do haicai no país: *Trilha estreita ao confim*, uma tradução do japonês, em parceria com Kimi Takenaka, de *Oku no Hosomichi*, o mais popular *haibun* (diário que reúne memórias, relatos de viagem e haicais) de Matsuó Bashô, publicada no Brasil em 1997.

ALICE RUIZ S

vaga aqui
lume ali
o vaga-lume

atrás de flores e lua
quarenta e nove anos
caminhando à toa

folhas novas
nas cores de outono
mangueira velha

na ponta do galho
só uma folha balança
um periquito

árvore ao meio-dia
se enche de folhas
volta das maritacas

depois do vento
folhas na escada
não sobem nem descem

humilde para ser uma
úmida para ser duas
única para ser muitas

desacerto
entre nós
só etcéteras

espalha no céu
o sol que ainda não veio
todo seu vermelho

me devolva
primeira estrela que vejo
aquele desejo

silêncio na mata
a mariposa pousa na flor
outro silêncio

chuva de verão
você volta todo ano
a cada estação

ALICE RUIZ S
(Curitiba, PR, 22 jan. 1946)

Uma das mais preciosas vozes do haicai em língua portuguesa, Alice Ruiz S se equipara a Guilherme de Almeida, Mario Quintana, Millôr Fernandes e Paulo Leminski, que definiram uma linguagem particular para o poema e o tornaram mais amplamente conhecido.

A poeta transita com a mesma graça pelo verso livre (especialmente em sua produção dos anos 1980). Em outro registro rítmico, destaca-se como uma das mais originais letristas do cancioneiro contemporâneo, imprimindo seus achados poéticos em canções de Arnaldo Antunes, Alzira Espíndola, Itamar Assumpção, Luiz Tatit, Zé Miguel Wisnik e Zeca Baleiro, dentre outros artistas consagrados.

Os dois primeiros haicais são de Kobayashi Issa (transcriados a partir da versão para o inglês de Reginald Horace Blyth), agrupados em *Issa: Hai-Kais* (1987). Os seguintes foram publicados em *Salada de frutas* (2008), *Conversa de passarinhos* (em coautoria com Maria Valéria Rezende, 2008), *Jardim de Haijin* (2010), *Quase duelo de quase amor* (em coautoria com Estrela Ruiz Leminski, 2011) e *Instante estante* (2012). Os dois últimos pertencem a *Outro silêncio: Haikais* — marco na trajetória do poema japonês em nosso país.

ALONSO ÁLVAREZ

luz amarela no quarto dela
ali se espera
que um sonho entre pela janela

silêncio
o passeio das nuvens
e mais nenhum pio

manhã de sol
sombra do pardal no poste
primeira visita do dia

velho caminho
sol estende seu tapete de luz
passos de passarinho

sol nas poças d'água
carro passa
espalha tarde nas calçadas

uma folha salta
o velho lago
pisca o olho

madrugada barulhenta
a manhã entalada
na garganta do galo

semente de girassol
sabiá belisca o chão
primeiro canto do dia

chuva fina
tarde esfria
todo o lago se arrepia

portas batendo
fugindo da chuva
o vento

na rua deserta
brincadeira de roda
vento se sujando de terra

terreno baldio
o poente
e uma placa: vende-se

ALONSO ALVAREZ
(São Paulo, SP, 6 jun. 1956)

Livreiro e editor, Alonso Alvarez virou poeta por um acaso fortuito: em 17 de outubro de 1987, durante o II Encontro Brasileiro de Haicai, o poema que começa com o verso "luz amarela no quarto dela", inscrito no último instante, conquistou a primeira colocação no certame. Segundo o autor, o haicai rendia homenagem à obra de Alice Ruiz S. Passados três anos, o poema "silêncio", por sua vez, foi divulgado em *100 haicaístas brasileiros*. Em 1991, em parceria com Camila Jabur, o poeta editou *Hé: Haikais* ("Hé", ou "minha alma vai atrás de ti", em tupi-guarani). A obra foi elogiada pelo poeta Manoel de Barros numa carta enviada aos autores: "Estou amoroso de tanta poesia verdadeira". Dessa coletânea, selecionamos "manhã de sol" e "velho caminho".

O haicai "sol nas poças d'água" foi publicado na caixa *São Paulo: 30 postais poéticos* (1992) — outro achado editorial de Alonso. No mesmo ano, ele compartilhou, por meio de um cartão-postal, para um restrito grupo de leitores, o terceto "uma folha salta", aqui presente. O seguinte foi publicado na *Antologia do haicai latino-americano* (1993). O terceto "semente de girassol" destacou-se, por sua vez, no IX Encontro Brasileiro de Haicai, em 8 de outubro de 1994.

Depois desse período de grande efervescência poética, Alonso emudeceu. Voltou ao haicai em 2009, reunindo inéditos em "Os olhos do lago", em sua página na internet. Dessa fase fazem parte os três últimos haicais. Os interessados devem passear, sem pressa, pelo site alonsoalvarez.com.br.

ALUÍSIO AZEVEDO

Nobunaga

*Se o melro não canta,
Mando-o eu matar!*

Taiko-Sama

*Se não canta o melro,
Fá-lo-ei cantar!*

Tokugawa

*Se o melro não canta,
Não vai a matar!
Espero que o melro
Se ponha a cantar.*

ALUÍSIO AZEVEDO
(São Luís, MA, 14 abr. 1857 — Buenos Aires, Argentina, 21 jan. 1913)

Romancista, autor de obras como O *mulato* (1881), *Casa de pensão* (1884) e O *cortiço* (1890), Aluísio Azevedo é um dos expoentes do movimento naturalista em nossa literatura. Em seus contos, crônicas e folhetins de temática urbana, publicados em veículos do Rio de Janeiro (à época capital do Segundo Império), Aluísio perturbou a elite dominante pela crueza com que retratava as relações sociais assimétricas no Brasil.

Sua posição contra a desigualdade social e a moral vigente não impediu, contudo, que fosse indicado para assumir importantes cargos diplomáticos na Espanha, Inglaterra, Itália e Japão — no último caso em Yokohama, na posição de vice-cônsul. Representando nosso país na "Terra do sol nascente", escreveu entre 1897 e 1899 (às vésperas da proclamação da República, portanto) uma obra muito interessante intitulada O *Japão*. Publicada apenas em 1984 sob a coordenação de Luiz Dantas, a obra registra a transição do sistema político do xogunato feudal para a Era Meiji (1867-1912). Um panorama histórico que, segundo Dantas, merece vários reparos, "em particular no que se refere à cronologia, e mesmo à exatidão dos acontecimentos".

Deste volume, selecionamos três poemas de Shôka (século XVI) dedicados respectivamente aos *xoguns* (senhores feudais) Oda Nobunaga (1534-82), Taiko-Sama (Toyotomi Hideyoshi, 1536-98) e Tokugawa Ieyasu (1542-1616) — traduzidos livremente por Aluísio Azevedo, sem respeitar as normas de composição do *haiku*. Salvo melhor juízo, esse é o primeiro registro do poema japonês por um brasileiro (há 121 anos, se considerarmos a data de início da redação de O *Japão*).

AUSTEN AMARO

COMPREENSÃO

Aquela jarra é tão perfeita
que ela deve
aguardar eternamente a flor para adorná-la!

O OLEIRO

I

E o dia nasceu, úmido e tenro,
como o vaso do oleiro
sobre o torno!

II

Por isso, o artista imaginou as asas
do dia
para o vaso!

DESPERTAR

A primeira brisa da primavera
acordou, de manso,
aquele galho!

CULTO

Só existe uma coisa
mais bela que o teu quimono!
É o teu corpo vestido de teu quimono!

SUBJETIVO

O biombo de laca e bambu
Veda o teu corpo aos meus olhos
Mas aumenta o prazer de imaginar!

ENCANTAMENTO DO LUAR

... E as estrelas
empalideceram como rosas
que o luar despetalasse!...

REFLEXO

Perguntas-me por que os meus olhos
têm a cor do sonho.
Não vês que é a tua beleza que eles refletem?!

AUSTEN AMARO
(Belo Horizonte, MG, 12 dez. 1901 — Belo Horizonte, MG, 1º jun. 1991)

Austen Amaro de Moura Drummond dividiu a cena literária com Abgar Renault, Carlos Drummond de Andrade, Pedro Nava e Rosário Fusco, dentre outros expoentes do chamado "modernismo mineiro". O autor participou da criação de *A Revista*, publicação editada entre 1925 e o ano seguinte, em Belo Horizonte, que teve apenas três edições. Poeta de poucos recursos, não deixou obra expressiva: *Juiz de Fora: Poema lírico* (1926), seu principal legado, foi recebido com reservas por Manuel Bandeira. Mais contundente e certeiro foi o julgamento do poeta, ensaísta e romancista Rosário Fusco que, em 1927, na revista *Verde*, também do grupo mineiro, afirmou ser o poema "cheio de rastros parnasianos".

Em 1939, Amaro lançou *Poemetos à feição do Oriente*, arriscando-se no haicai e no *tanka*. Poemas de timbre místico e sensual, sem a brevidade, a simplicidade, a ausência de moralidade e o humor que caracterizam o haicai em sua forma abrasileirada. Assim, seus tercetos talvez soem bolorentos aos leitores contemporâneos. Todavia, não há como negar a aproximação com a temática e a forma nipônica dos poemas "Despertar", "Culto" (em que o poeta celebra a delicadeza do quimono) e "Reflexo", aqui reproduzidos. Em 1971, Amaro publicou sua última obra poética, *Imaginária Hélade*, de características ainda mais passadistas.

Fiquemos com o Oriente pitoresco e imaginário desse mineiro que flertou com o modernismo, sem nunca ter sido genuinamente moderno. E que, com graça e lirismo, celebrou o barro, o quimono, a primavera e o biombo, aproximando seus leitores da lírica minimalista do pequeníssimo poema japonês.

CAMILA JABUR

vento nas cortinas
fico atenta
ao que a manhã ensina

folhas de outono
na porta da casa
cartas sem dono

sabiá quieto
o silêncio da tarde
pousa na antena

minha casa vazia
lagartixa no teto
primeira companhia

grande geada
branco branco branco
e uma vaca malhada

manhã com os gansos
levo pão nos bolsos
volto mais leve

de todas as cantigas
o velho bambuzal
venta a mais antiga

minha varanda
a cadeira sozinha
se despede do outono

nenhuma flor ao vento
nenhum evento
só o silêncio aqui dentro

logo cedo
porta bate, janela abre
as crianças e o vento

fim do dia
o velho e a árvore
trocam silêncios

de tanto ver
o vento passar
ele ainda vai me levar

CAMILA JABUR
(Jardinópolis, SP, 9 ago. 1972)

No início de 2010, Camila Jabur recebeu uma correspondência sucinta do poeta Manoel de Barros. Com caligrafia de criança, o poeta registrou: "Não conheço outros haicaístas brasileiros que tenham chegado à sua grandeza". Comentário certeiro: Camila é uma das mais consistentes haicaístas em nosso idioma e um destaque em sua geração. Seguidora fiel da antiga tradição, atualizou o cânone sem perder de vista o espírito de nossa época, com graça, simplicidade e humor, percorrendo as pegadas de Alice Ruiz S — de quem é discípula confessa.

Os dois primeiros haicais de Camila presentes nesta coletânea foram agrupados em *Hé: Haikais*, obra publicada em parceria com Alonso Alvarez (1991). O poema "sabiá quieto" foi o grande vencedor do VII Encontro Brasileiro de Haicai, em 7 de novembro de 1992. Os haicais que vão de "minha casa vazia" até "manhã com os gansos" são de *Estação dos bichos*, livro que dividiu com Alice Ruiz S em 2011. Os seguintes foram coligidos em *Kokoro, um céu de dentro: Haikais* (edição da autora, 2015). Os três últimos são inéditos.

Por fim, o haicai "fim do dia/ o velho e a árvore/ trocam silêncios", dedicado a Manoel de Barros, recebeu o seguinte comentário do poeta que inspirou o poema, na carta mencionada: "Sou bem aquele velho trocando silêncio com as árvores". Poema precioso, que dialoga com os melhores constructos de Bashô, Busson e Issa.

EUNICE ARRUDA

CONCESSÃO

Às vezes
volto

Para ter companhia

Sulco fundo de arado

A terra aberta ferida

No entardecer vejo a vida

Súbito trovão
Pombas trocam
de telhado

Dentro da lagoa
Uma diz "chove", outra diz "não"
Conversa de rã.

Trovão na cidade
Pessoas apressam o passo
olham o relógio.

Solidão no inverno
O velho aquece as mãos
com as próprias mãos

Árvore de inverno
Sem as folhas, sem os frutos
Seu nome é raiz.

Nuvens de verão
Passos rápidos na rua
Roupas no varal

Nas folhas rasgadas
da bananeira de inverno
como é livre o vento

Deitado de costas
O besouro agita as pernas
Parece nadar

PREPARAÇÃO

no sono

as portas

se abrem

À ESTRELA

Não é hora de
brilhar

Amanhece

EUNICE ARRUDA
(Santa Rita do Passa Quatro, SP, 15 ago. 1939 — São Paulo, SP, 21 mar. 2017)

Em 1960, o editor Massao Ohno concebeu a *Coleção dos novíssimos*, revelando poetas como Álvaro Alves de Faria, Carlos Felipe Moisés, Claudio Willer, Eunice Arruda, Jorge Mautner, Neide Archanjo, Orides Fontela, Péricles Prade, Roberto Piva, Rodrigo de Haro, Rubens Jardim e Rubens Rodrigues Torres Filho, dentre outros expoentes dessa geração. Reunindo uma "insubordinada e saudável diversidade de estilos e tendências", nas palavras de Álvaro Alves de Faria e Carlos Felipe Moisés, os nomes chacoalharam a então novíssima cena poética paulistana.

Em meio ao turbilhão criativo promovido por Ohno, Eunice Arruda estreou na poesia com *É tempo de noite* (1960), com poemas de fundo existencial e, por vezes, metafísico. Na década seguinte, como muitos de sua geração, adotou a temática social em sua oficina. Mais tarde, pesquisou, criou e se dedicou a promover o haicai e sua prática por meio de poemas exatos e oficinas de escrita poética. Em sua jornada de autoconhecimento, Eunice assimilou os estados de espírito que animam o caminho do poema japonês, como o desprendimento do mundo, a busca pela ausência de moralidade, o interesse pelas coisas concretas e a grata aceitação.

O primeiro haicai é de *Mudança de lua* (1989). O segundo, por sua vez, conquistou a sexta colocação no I Encontro Brasileiro de Haicai, em 6 de dezembro de 1986. "Súbito trovão" foi publicado na coletânea *100 haicaístas brasileiros*, do mesmo ano. Os seguintes, até "Árvore de inverno", foram enfeixados em *Natureza, berço do haicai: Kigologia e antologia* (1996), um marco na história do haicai no Brasil. "Nuvens de verão" e "Nas folhas rasgadas" vieram em *Há estações*, de 2003. "Deitado de costas" foi publicado em *Olhar* (2008). Os dois últimos, por fim, foram agrupados no livro *Debaixo do sol*, de 2010.

FANNY LUIZA DUPRÉ

A Helena Kolody

Banhadas de sol,
ondas rolando sobre ondas...
Amplo mar deserto.

Um barco virando.
Os enormes vagalhões
açoitando a rocha.

Chuva impertinente...
Lá fora, escorregadio
O asfalto vazio.

Sequência de montes...
Leves cortinas de bruma
envolvem as matas.

Arcada... tristonha!
A palmeira solitária,
soluçando ao vento...

Raios de luar.
Bolhas nas águas do lago.
Saltam rãs e sapos.

Sobe a piracema
desafiando a correnteza
do rio caudaloso.

Estrela cadente.
No seu rastro luminoso
um desejo meu.

Rua esburacada.
Brincando nas poças d'água.
O menino tosse.

Lágrimas da noite
orvalham a sepultura
a manhã dos mortos.

Uivos. Noite escura.
Não suporta a onda de frio
o cão vira-lata.

Passado cativo...
Melancólico trinado.
Gaiola dourada.

FANNY LUIZA DUPRÉ
(Paranapiacaba, SP, 30 jun. 1911 — São Paulo, SP, 20 mar. 1996)

Uma das primeiras vozes femininas do haicai no Brasil, Fanny Luiza Dupré publicou *Pétalas ao vento* — obra inteiramente dedicada ao pequeno poema japonês, seguindo a forma consagrada por Afrânio Peixoto — em 1949. De acordo com fontes diversas, foi Jorge Fonseca Jr., poeta e prefaciador de seu primeiro livro, quem a apresentou ao haicai.

Nos anos seguintes, Fanny se recolheu e abandonou a cena poética. Ao que tudo indica, voltou ao haicai no final dos anos 1980, acompanhando as oficinas promovidas pelo Grêmio Haicai Ipê. Seus últimos tercetos foram publicados em *Natureza, berço do haicai: Kigologia e antologia* (1996). Ainda que seus haicais não possuam a "economia de força" que deve permear o pequeno poema, Fanny descortinou o mar deserto, o asfalto vazio e a tosse do menino em seus versos. Alguns deles possuem grande densidade poética.

Os três primeiros haicais pertencem a *Pétalas ao vento*, de 1949. Os dois seguintes foram reunidos na coletânea *100 haicaístas brasileiros* (1990). Os poemetos que vão de "Raios de luar" até "Rua esburacada" são da coletânea *As quatro estações* (1991). "Lágrimas da noite" e "Uivos" fazem parte da *Antologia do haicai latino-americano* (1993). No IX Encontro Brasileiro de Haicai, realizado em 8 de outubro de 1994, Fanny emplacou um sexto lugar com o terceto "Passado cativo...".

GUSTAVO ALBERTO
CORREA PINTO

Na noite fria
o mundo em silêncio
tosse ao longe

Vulto de homem
contra o horizonte
Solidão azul

Sob as cobertas
em plena escuridão
ouço um galo!

No dia quente
embaixo da árvore
vacas conversam

Pregão antigo
de um mundo distante
voz da saudade

A rede range
sob o peso do sono
e do almoço

Quanto esforço!
pequeno pessegueiro
com grandes frutos

No velho poço
plop e some, tão fria
a rã de Bashô

No fim do verão
as manhãs vão ficando
tão preguiçosas

O dia fala
por debaixo da porta
A réstia de luz

Fim de outono
Será que esta manhã
perdeu a hora

Entre as pedras
abriga-se do vento
peixe com frio

GUSTAVO ALBERTO CORREA PINTO
(Rio de Janeiro, RJ, 16 jan. 1948)

Gustavo Alberto Correa Pinto se formou em filosofia em 1972. Nos anos seguintes, dedicou-se à pesquisa e ao ensino do pensamento oriental — sobretudo do zen-budismo e sua influência na arte japonesa. Estudioso dessa matriz cultural, prefaciou a primeira edição brasileira do *I Ching: O livro das mutações* (oráculo de origem chinesa), em 1982, dialogando com Richard Wilhelm e Carl Gustav Jung.

O autor conta que, no início dos anos 1980, em busca do *satori* ("iluminação" ou "compreensão"), foi estudar no templo Nishiyama, em Kyoto, Japão. Ordenado monge no Brasil, obteve, em 1988, o grau de *kyoshi* (monge plenamente formado e professor do *darma*, a doutrina de Buda). Nesse período, adotou o haicai como prática de autoconhecimento. Em 1990, lançou, em sequência, dois livros de haicais: *Relâmpagos: 88 haikais* e *Gotas de orvalho: 108 haikais* — ambos editados por Massao Ohno.

Os seis primeiros haicais são de *Relâmpagos*. Tendo em vista a qualidade dos poemas, "Na noite fria" e "Vulto de homem" foram também incluídos em *100 haicaístas brasileiros* (1990). "Sob as cobertas" e "A rede range", por sua vez, reapareceram na *Antologia do haicai latino-americano* (1993). Os poemas seguintes são de *Gotas de orvalho* — ao que tudo indica, sua última obra dedicada ao poema japonês.

JORGE FONSECA JR.

Periquitos verdes
fogem do céu... para o chão
as últimas pétalas...

A meu irmão Otavio Fonseca

Bananal... calor...
Tropicalissimamente
vou chegando a Santos...

Dentro de uma jaula,
não pode ver toda a lua
a onça recém-presa...

O sabiá cantando,
parece que esta saudade
foge-me um pouquinho...

Nesta catedral,
quando arde o sol, toda tarde,
sangra este vitral...

Velame colhido,
lá dorme, na noite enorme,
num porto esquecido...

A meu irmão José Bonifácio Fonseca

Pó, cinza e pedra...
a pedra desfaz-se em pó
pedras... pedras... e pó...

Alta noite, batem.
Lá fora, ermo, luar descora...
cães vadios latem...

Brisas refrescantes
esgueiram-se ao sol ardente
Penumbra do tato...

Este abacateiro
acende, ante a luz do luar,
suas suaves lâmpadas

Ah! Uns olhos sem luz
Vêm ver jasmins florescer
diante de uma cruz

JORGE FONSECA JR.
(São Paulo, SP, 20 abr. 1912 — São Paulo, SP, 1985)

Jorge Fonseca Jr. estreou na poesia em 1936 com *Sob o céu tropical*. O livro não deixou rastros. Três anos depois, publicou *Roteiro lírico: Haikais brasílicos, haikais avulsos*. Alguns exemplos dessa sua primeira incursão no universo do pequeno poema japonês dialogam com a temática e a sintaxe da segunda geração modernista, especialmente "Bananal... calor..." e "Pó, cinza e pedra...", incluídos nesta coletânea.

Em 1940, o poeta visitou o Japão e outros países do Oriente a convite da Sociedade para o Fomento das Relações Culturais Internacionais, de Tóquio. Impactado pela cultura oriental, Fonseca Jr. fundou a revista *Anuário do Oeste Brasileiro*, com Miguel Costa Jr., dedicada à cultura oriental, em especial do Japão — segundo Luís Correia de Melo, a quem creditamos as informações acima sobre o périplo do poeta, a publicação circulou entre 1939 e 1943.

No prefácio ao primeiro livro dedicado a essa "preciosa modalidade de poesia, originária do País do Sol Nascente", o poeta constatou que o haicai continuava ainda "quase nada conhecido do público brasileiro" — e estava certo em sua afirmação, convidando o leitor a acompanhar o lançamento do tratado *Do haikai e em seu louvor*, obra da qual também não encontramos vestígio.

Os oito primeiros haicais são de *Roteiro lírico*, de 1939. O seguinte, "Brisas refrescantes", foi originalmente publicado na revista *Anuário do Oeste Brasileiro* (1943). "Este abacateiro" e "Ah! Uns olhos sem luz" foram publicados em *100 haicaístas brasileiros* (1990).

MANOEL DE BARROS

MATÉRIA

O osso da ostra
A noite da ostra
Eis um material de poesia

O sol transborda
nas estradas
e no olhar das sariemas.

O silêncio
está úmido
de aves.

O sangue do sol
nas águas
atrai mariposas.

O corpo do rio prateia
quando a lua
se abre.

Dentro dos caramujos —
há silêncios
remontados.

Eu vi que a noite dormia
escorada
nos arvoredos.

Madrugada
A voz estava aberta
para os passarinhos.

Privilégio dos ventos:
semear
as borboletas!

Vi a metade
da manhã
no olho de um sapo.

Silêncio das pedras
é o início
das palavras?

Queria que um passarinho
escolhesse minha voz
para seus cantos.

MANOEL DE BARROS
(Cuiabá, MT, 19 dez. 1916 — Campo Grande, MS, 13 nov. 2014)

Em suas *Memórias inventadas*, Manoel de Barros escreve que, na infância, gostava mais de brincar com as palavras do que com bicicleta. Até porque, recorda o poeta, "ninguém possuía bicicleta". Nem brinquedos: fazia boizinhos com ossos, bolas de meia e automóveis de lata. Criava seu universo particular e descobria o mundo por meio da sucata de coisas concebidas pelos homens. E das aves, árvores, rãs e pedras, ouvindo "nas conchas as origens do mundo", como lembra.

Esse seu olhar para as coisas miúdas e sem utilidade ("desúteis", segundo dizia), como objetos enferrujados, ramos secos, musgo e cocô de passarinho, possui paralelo com a forma de ver e apreender o mundo que os japoneses intitulam *wabi-sabi*: a beleza das coisas imperfeitas, mutáveis e incompletas, que adquirem seu lugar no mundo e expressão simbólica por meio da degradação, da corrosão e do desgaste. Coisas do homem, da natureza e da ação do tempo sobre elas. A obra de Manoel de Barros está impregnada desse encantamento. Isso não significa, contudo, que o autor tenha

concebido sua poesia a partir desse princípio filosófico —
trata-se de mera conjectura. Não é possível negar, todavia,
que o poeta soube decifrar a natureza com grande sensibilidade e desprendimento das coisas materiais, observando os
estados de espírito essenciais para a criação do haicai — especialmente a partir do livro *Tratado geral das grandezas do
ínfimo*.

Como vimos, Manoel de Barros conhecia o gênero e
acompanhava a produção do haicai em nosso país, correspondendo-se com haicaístas como Alonso Alvarez e Camila Jabur. Como confirmação de seu interesse pelo pequeno
poema, o jornalista e escritor Daniel Piza conta que ao entrevistá-lo, em 2010, encontrou em seu escritório livros de
assuntos diversos "como linguística, cinema e, claro, poesia
— como a antologia de haicai que lia no momento".

O primeiro haicai é de *Matéria de poesia* (1970). Os poemas que vão de "O sol transborda" até "Eu vi que a noite
dormia" foram reunidos em *Tratado geral das grandezas do
ínfimo*, na seção "O livro de Bernardo" (2001). Os demais são
de *Escritos em verbal de ave* (2011).

MARCELO TÁPIA

n'alvura o nada
como um furo
n'água

FLERTE

                               para Paulo Leminski

               ser/ aquilo/ que a sombra/ quis/ para noivo
                                     P. Leminski

por um fio
     o pavio foi-se
          o psiu da foice

IGUALDADE

são todos iguais
cada um só pensa
na própria diferença

O FIM

partir pra tudo
mesmo que isso seja
o fim de tudo

UM SÓ

para Alice Ruiz S

madrugada
tudo dormia
só eu dia

HAICAI

o topo das nuvens:
dele escorrem tintas
as luzes

MARCELO TÁPIA
(Tietê, SP, 1º jan. 1954)

Marcelo Tápia iniciou sua trajetória poética com a plaquete *Primitipo* (1982), influenciada pela poesia *verbivocovisual* — aquela que integra aspectos verbais, visuais e sonoros — da melhor tradição concretista.

Ainda inspirado pelos concretos, voltou à poesia com O *bagatelista* (1985). Cinco anos depois, Tápia lançou *Rótulo*, livro de transição marcado pelo memorialismo e por certo tom confessional. Um marco em sua trajetória, assumindo um estilo contido e exato — com quatro haicais de fino feitio agrupados nesta antologia.

Pedra volátil (1996) e *Valor de uso* (2009) seguiram na mesma pegada: poesia de um artífice que sabe jogar com as palavras, com economia de força. Um poeta de poucos livros "com frequência pouca e inconstante", como diz no prefácio a *Refusões*, em que reuniu sua obra completa, em 2017.

O primeiro haicai foi publicado em O *bagatelista*. Os quatro seguintes apareceram em *Rótulo*. O último (o único que o autor denomina haicai) é de *Valor de uso*. Segundo Paulo Leminski, poeta e um dos melhores haicaístas em nosso idioma, "magra é a safra de um poeta de haicai". No caso de Tápia, safra pequena, mas que permanece nutrindo seus leitores.

MARIO QUINTANA

ELEGIA URBANA

Rádios. Tevês
Goooooooooooooooooooooooolo!!!
(O domingo é um cachorro escondido debai-
[xo da cama)

HAI-KAI DE OUTONO

Uma folha, ai,
melancolicamente
                      cai!

HAI-KAI

Silenciosamente
sem um cacarejo
a Noite põe o ovo da lua...

VERÃO

Quando os sapatos ringem
— quem diria?
São os teus pés que estão cantando!

HAI-KAI DA PALAVRA ANDORINHA

A palavra andorinha
Freme devagarinho
E some em silêncio...

DIÁRIO DE VIAGEM

O poeta foi visto por um rio,
por uma árvore
por uma estrada...

HAI-KAI

No meio da ossaria
Uma caveira piscava-me...
(Havia um vaga-lume dentro dela.)

HAI-KAI DA ÚLTIMA DESPEDIDA

E os dois trocaram um beijo
— frio
como um beijo de esqueletos...

NOTURNO

Aquela última janela acesa
No casarão
Sou eu...

LIBERTAÇÃO

A morte é a libertação total:
a morte é quando a gente pode, afinal,
estar deitado de sapatos...

HAI-KAI DE PRIMAVERA

Tua orelha num frêmito desnuda-se:
O que seria
O que seria que te disse o vento?!

MARIO QUINTANA
(Alegrete, RS, 30 jul. 1906 — Porto Alegre, RS, 5 maio 1994)

Num tempo em que a "grande poesia" deveria ser pomposa, solene e grave, a poesia de Mario Quintana se destacou pela simplicidade: seguindo as picadas abertas por Manuel Bandeira e Carlos Drummond de Andrade, em sua oficina Quintana celebrou personagens e objetos prosaicos como o cachorro, a andorinha e a luz na janela.

O poeta começou a divulgar sua obra nos anos 1920, na imprensa gaúcha, reunindo seus primeiros escritos em livros a partir de 1940, com o lançamento de *A rua dos cataventos*. Reconhecido por Vinicius de Moraes e Murilo Mendes, além dos já citados Bandeira e Drummond, Quintana foi solenemente ignorado pela crítica da época, que o estigmatizou, por ignorância ou preconceito, como autor "regional", no sentido redutor do termo. Em seu percurso poético, concebeu sua obra com os pés fincados em Porto Alegre, raiz de onde brotou uma interpretação terna e sempre irônica da vida, por meio de versos em geral concisos e certeiros.

A busca pelo verso despojado e simples, despido de adornos e efeitos mirabolantes e de recursos tradicionais como a metrificação e a rima, pode ter levado o poeta a investigar a ética e a estética do haicai. Segundo Tânia Franco Carvalhal, a presença da poesia oriental marcará sua *poïesis*: foi um dos principais divulgadores do pequeno poema japonês no Brasil, inaugurado com "Hai-kai da cozinheira" em *Sapato florido* (1948). Sem se ater ao cânon formalista ou às regras abrasileiradas de composição, retornou ao haicai com senso de humor apuradíssimo em *Apontamentos de história sobrenatural*, de 1976, de que faz parte o primeiro poema desta seleção.

Em entrevista concedida à poeta Alice Ruiz S, em 27 de outubro de 1990, no apartamento 301 do Porto Alegre Residence (hotel onde passou seus últimos anos de vida), Quintana conta que fez "um mundo" de poesias curtas: "Fazia três linhas e chamava de *hai-kai* [assim grafado pelo autor], mas nunca liguei para as dezessete sílabas. A poesia e a fotografia têm uma coisa em comum: eternizar o momento que passa".

Ao longo das mais de cinco décadas de ofício, Quintana publicou cerca de quarenta tercetos, dos quais dez receberam a denominação *hai-kai*. Um número significativo deles veio a público em *A cor do invisível* (1989) — como os poemas que vão de "Hai-kai de outono" a "Hai-kai da última despedida". "Libertação" saiu em *A vaca e o hipogrifo* (1977); "Hai-kai de primavera", em *Preparativos de viagem* (1987); e "Noturno", em *Velório sem defunto* (1990). O leitor interessado deve consultar a obra *Mario Quintana: O livro de haicais*, organizada por Ronald Polito, com posfácio de Paulo Franchetti.

PAULO FRANCHETTI

Os grilos cantam
Apenas do meu lado esquerdo —
Estou ficando velho.

Sementes de salsa
No gesto antigo renascem
Saudades do avô.

Um susto logo cedo:
Na caixa do correio,
Duas mariposas!

Não há comida
E as moscas se ocupam
Em fazer mais moscas.

No cheiro do pêssego
Esquecido na fruteira,
As tardes de outrora.

No muro branco,
Sob o sol da manhã,
O rastro da lesma.

Noite de verão —
Até a luz da lua
Parece quente.

Até os pernilongos
Vão ficando silenciosos —
Como os anos passam...

Virando outra vez
O travesseiro molhado —
Noite de verão.

O campo seco —
Uma vaca, uma garça,
Outra vaca, outra garça.

Dentro da mata —
Até a queda da folha
Parece viva.

Tão pequena
E desbotada de chuva
A casa da infância!...

PAULO FRANCHETTI
(Matão, SP, 3 ago. 1954)

Em 1990, o poeta, crítico literário e professor Paulo Franchetti publicou, com Elza Taeko Doi e Luiz Dantas, o livro *Haikai: Antologia e história*, um estudo sobre o poema de origem japonesa, traduzindo Bashô, Issa, Buson e Shiki, dentre outros poetas da "era de ouro" do *haiku*. Na introdução há uma preciosa nota sobre a aclimatação do poema no Ocidente.

Quatro anos depois, Franchetti lançou *Haicais*, livro integralmente dedicado ao poema japonês. Estudioso do haicai, comentou e dissecou o tema em *Estudos de literatura brasileira e portuguesa* (2007). No ano seguinte, voltou a criar o poemeto em *Oeste* (obra bilíngue, com haicais traduzidos para o japonês por H. Masuda Goga). Na introdução a esse volume, o poeta comentou a produção do haicai em nosso país:

> *Haicai* é uma palavra que hoje recobre muitos sentidos no Brasil [...]. Nem sempre reconheço, num terceto, rimado ou não, espirituoso ou plano, que se apresente como haicai, o direito

de usar o nome. Sinto que estou perante um texto de haicai apenas quando reconheço nesse texto uma dada disposição de espírito, uma atitude frente ao mundo e à linguagem poética.

Os dois primeiros haicais foram reconhecidos nos V e IX Encontro Brasileiro de Haicai (em 10 de novembro de 1990 e 8 de outubro de 1994, respectivamente). Os poemas "Um susto logo cedo" e "Não há comida" são de *Haicais* (1994). "No cheiro do pêssego" data do XII Encontro Brasileiro de Haicai, de 30 de outubro de 1999. Os seguintes foram publicados em *Oeste*, em 2008.

PAULO MENDES CAMPOS

O que em mim
sorri
eu sofri

Tudo o que me ocorre
é que a morte nasce,
ama, sofre e morre.

FATUM

Desengasta a rosa
densa o hálito de nada
dum sabor distante

PAULO MENDES CAMPOS
(Belo Horizonte, MG, 28 fev. 1922 — Rio de Janeiro, RJ, 1º jul. 1991)

Homem de muitas vidas, Paulo Mendes Campos foi poeta, tradutor, cronista e jornalista.

Mais conhecido por suas crônicas (gênero genuinamente brasileiro que publicava desde os anos 1950 em jornais como *Correio da Manhã*, *Diário Carioca* e, depois, na revista de variedades *Manchete*), o mineiro também transitou pelo verso livre e por formas consagradas como o soneto. Muitos afirmam que ele faria parte da geração dos chamados "formalistas" de 1945. Ao contrário, Paulo Mendes Campos expandiu o entusiasmo poético da geração modernista ao mesmo tempo que recuperou a tradição da versificação em língua portuguesa.

No início dos anos 1980, reuniu textos publicados na imprensa e anotações críticas e poéticas em *Diário da Tarde*, um "jornaleco imaginário" ou "jornal-de-um-homem-só", nas palavras do pesquisador e crítico Leandro Sarmatz. A miscelânea de artigos e poemas inclui tercetos e haicais como os da seção "Grafite", reunidos nesta antologia. Únicos como seu autor.

PRIMO VIEIRA

TEMPLOS COLONIAIS

Igrejas antigas.
Silêncio úmido... As naves
com cheiro de tempo!...

INSÔNIA

Na noite que dorme
que grilo é esse acordado
dentro da consciência?

ALMAS GÊMEAS

Borboletas brancas
voam aos pares tão juntas
Que inveja das flores!

HOSPITALIDADE

Vão levando as formigas
como hóspede à sua casa
um velho besouro...

DIVINA COLHEITA

Pelas mãos do vento,
Deus colhe flores no campo.
Que festa há no céu?

GOTA D'ÁGUA

Milagre da chuva:
a gota d'água é uma estrela
no céu de uma folha!

O PASSADO É PRESENTE

Borboleta azul...
asas que vêm do passado
úmidas de infância!...

CÉUS LONGÍNQUOS

Na mesma paisagem,
os mesmos pássaros cantam
e a infância não volta...

CREPÚSCULO

A luz sem alarde
definha. A última andorinha
risca o céu da tarde...

PRIMO VIEIRA
(Romaria, MG, 11 jul. 1919 — Fátima, Portugal, 22 jul. 1994)

Primo Vieira passou a infância e parte da vida adulta na cidade de Santos, litoral de São Paulo. Membro da Congregação Mariana da Anunciação (ordem de origem jesuítica, dedicada à Consagração de Nossa Senhora), ordenou-se sacerdote em 1944 e foi vigário-geral daquela diocese. Depois, formou-se em direito pela Universidade de Goiás e se doutorou em letras pela Universidade de São Paulo.

Ao longo da vida, Primo Vieira dividiu o sacerdócio com a literatura: seus primeiros poemas, reunidos no livro *Litanias...* (1949), ladainhas de timbre religioso, refletem uma visão de mundo conservadora, comum entre agentes laicos e religiosos do catolicismo dominante à época. Os outros cinco livros de poesias e crônicas, publicados entre 1951 e 1963, sempre de timbre moralista, fizeram a ponte com o movimento ecumênico da Igreja católica inaugurado pelo Concílio Vaticano II (1962 a 1965). Motivado, talvez, pelo movimento conciliar de sua filiação religiosa, Vieira investigou o zen-budismo e se aventurou na prática do haicai.

Em 1964, publicou *Estrelas de rastros*, livro inteiramente dedicado ao haicai — do qual, infelizmente, não encontramos vestígios. Três anos depois, em 1967, saiu *Borboletas brancas: Haicais* (com 66 poemas). Em 1978, o poeta lançou seu último livro dedicado ao poema japonês, *Pirilampos*.

Os oito primeiros poemas foram publicados em *Borboletas brancas: Haicais* (1967). O último, seguindo a pegada inaugurada por Guilherme de Almeida, em *Antologia do haicai latino-americano* (1993).

RÉGIS BONVICINO

NÃO HÁ SAÍDAS

não há saídas
só ruas viadutos
avenidas

A PASSO DE TARTARUGA

a passo de tartaruga
e essa ruga
não se dobra

POLÍTICOS

usam terno e gravata
no corpo
e na língua

210195

Pálpebras de estrelas
nuvens junto ao mar cintilam
silêncio de insetos

RÉGIS BONVICINO
(São Paulo, SP, 25 fev. 1955)

Em 1983, Regis Bonvicino despontou como uma das vozes mais originais de sua geração, com *Sósia da cópia*, inaugurando uma nova etapa em sua trajetória poética (iniciada com *Bicho papel*, de 1975, e, três anos depois, *Régis Hotel*).

Poeta, tradutor, ensaísta e crítico, Bonvicino manteve uma ativa correspondência com Leminski, de quem era amigo desde meados dos anos 1970. Parte das cartas enviadas por Leminski ao colega de ofício foi reunida em *Uma carta uma brasa através: Cartas a Régis Bonvicino* (*1976-1981*). Em suas linhas, uma conversa completamente dedicada à literatura e à investigação do ato de escrever.

Ainda no emblemático ano de 1983, Olga Savary publicou a tradução de *Sendas de Oku*, o mais conhecido diário de viagem de Matsuó Bashô; e Paulo Leminski, por sua vez, lançou o livro de poemas *Caprichos & relaxos* (com preciosos haicais de sua autoria, conquistando público e crítica) e uma concisa biografia do poeta maior do *haiku* intitulada *Bashô:*

A lágrima do peixe. Como se vê, um ano de ouro para o pequeno poema em nosso país.

Quatro anos mais tarde, Bonvicino lança *Más companhias* (1987), obra em que o autor atinge sua fase de maioridade — plenamente conquistada, a nosso ver, com *Ossos de borboleta* (1996), livro *concisopreciso* concebido com grande economia de força.

Os poemas "Não há saídas" e "A passo de tartaruga" são de *Sósia da cópia* (1983). "Políticos", de *Más companhias* (1987) — segundo o autor, versos inspirados num poema de e.e. cummings (acredito que esse poema dialoga, em linha reta, com os "oito haicais" de José Lino Grünewald, agrupados em *Um e dois*, livro de estreia do poeta). Por fim, "210195" saiu em *Ossos de borboletas* (1996), uma pequena epifania.

RICARDO SILVESTRIN

BAGAGEM

algumas armas
e uma menina
nos olhos

32°C

na rua da praia
todo olhar con
vida a mar

fiapos de sol
o cachorro se espreguiça
depois fica pensando

céu escuro
lua branca
apago todas as lâmpadas

novos amigos
há muito não me sentia
um desconhecido

no mesmo galho
uma formiga a passeio
outra a trabalho

velhinha na janela
todo mundo que passa
é visita pra ela

estrela sozinha
se não é de ninguém
é minha

paisagem colorida
de quando em quando
uma vaca em preto e branco

árvore seca
mas toda florida
de passarinhos

tudo recomeça
essa árvore vai florir
sem pressa

a planta não pede nada
de vez em quando
um copo d'água

RICARDO SILVESTRIN
(Porto Alegre, RS, 17 maio 1963)

Ricardo Silvestrin começou a praticar o haicai em meados dos anos 1980, influenciado por Bashô e seus discípulos, e por Mario Quintana, Paulo Leminski e Alice Ruiz S — presenças marcantes em sua oficina poética, segundo disse. Em 1985, lançou *Viagem dos olhos*. Em 17 de outubro de 1987, emplacou uma segunda colocação no II Encontro Brasileiro de Haicai com "céu nublado" — também divulgado em *Bashô um santo em mim* (1988), obra de iniciação. Retornou ao pequeno poema em *Quase eu* (1992).

Passados dois anos, atingiu a maturidade poética com *Palavra mágica*, apresentando cerca de trinta haicais — entre eles um clássico do gênero em língua portuguesa: "velhinha na janela/ todo mundo que passa/ é visita pra ela". Depois de um longo período de silêncio, voltou ao pequeno poema em 2017, com *Prêt-à-porter: Haicais para as quatro estações*. Com poemas concebidos entre 1998 e 2000, o poeta apresenta alguns dos mais bem-acabados haicais em nossa tradição.

Os poemas "bagagem" e "32°C" foram publicados em

Viagem dos olhos (1985). "Fiapos de sol" e "céu escuro" são de *Bashô um santo em mim* (1988) — também publicados na coletânea *100 haicaístas brasileiros*. O poemeto "novos amigos" foi divulgado em *Quase eu* (1992). Os haicais "no mesmo galho", "velhinha na janela" e "estrela sozinha" são de *Palavra mágica* (1994). Os demais, de *Prêt-à-porter: Haicais para as quatro estações* (2017).

SÉRGIO MILLIET

AMSTERDÃ

Canais
Casas esguias mirando-se nas águas
Esse tabaco perfumado...

PARIS

Verão
Notre-Dame badala
a vigésima segunda hora toda branca.

VIGO

Por entre as montanhas negras
meu olhar
sobe os degraus das casas.

PARANÁ

Tive terras no Paraná
e visitei-as.

Os para-sóis pinheiros engordam porcos.

Aranha enorme de ventre amarelo
sai a lua da teia do arvoredo...
E as estrelas fogem com medo.

Vícios de estufa
revanches de sonho
e um dia o milagre do mar.

Encanto da primeira neve
do cigarro fumado em liberdade
da consciência de uma solidão

SÉRGIO MILLIET
(São Paulo, SP, 20 set. 1898 — São Paulo, SP, 9 nov. 1966)

Sérgio Milliet foi poeta, tradutor e crítico de literatura e arte. Agrupados em *Diário crítico*, seus comentários devem ser lidos com renovada atenção pelos interessados em nossa crítica literária.

Filho da elite paulistana, Milliet estudou e se formou em Berna, Suíça, em ciências econômicas e sociais. Assim, seus dois primeiros livros de poesia foram publicados em francês: *Par le Sentir* (1917) e *Le Départ sur la pluie* (1919). No início de 1920, o poeta voltou ao Brasil e frequentou, a partir do ano seguinte, as reuniões do grupo modernista na casa do poeta Mário de Andrade, à rua Lopes Chaves.

Em 1922, Milliet participou ativamente da Semana de Arte Moderna. Nesse período de grande efervescência poética, colaborou com a revista *Klaxon*, do grupo modernista (assinando poemas em francês como Serge Milliet), e, a partir de 1925, com *Cultura*, publicação que contava com nomes como Oswald de Andrade e Afonso Schmidt e se dedicava a reavaliar o movimento modernista e a literatura de sua época.

A contribuição poética de Milliet foi agrupada em *Poesias* (1946) — obra celebrada por Manuel Bandeira em *Poesia do Brasil* (1963) e por Antonio D'Elia em *Sérgio Milliet: 40 anos de poesia*, do mesmo ano. Um modernista que flertou com o haicai, em timbre memorialista e passadista.

Escritos entre 1923 e 1927, os quatro primeiros haicais foram publicados em *Poemas análogos* (1927). "Aranha enorme de ventre amarelo" apareceu em *Poemas* (1937). Os dois últimos, em *Oh valsa latejante...* (1943).

TERUKO ODA

Dia de finados —
Sobre antiga sepultura
o salgueiro chora

Noite de verão —
Na janela envidraçada
cabe a lua cheia.

Apesar do sol
meu gato não sai do sofá —
Início de inverno.

Chuva de verão
O céu fecha sua janela
e eu também.

Na beira da estrada
com as abelhas divido
meu caldo de cana.

Café da manhã —
As formigas já disputam
meu açucareiro.

Noite de insônia —
O grilo atrás da janela
também sem sono.

São apenas dois
os filhotes de pardal —
Mas quanto barulho!

Vento de inverno —
Sobre a borboleta morta
alguns grãos de areia.

Os cães no quintal
latem como antigamente —
Noite de inverno.

Final de eleição —
O candidato derrotado
sorri no outdoor.

Céu alto e sem nuvens —
O cheiro do mato que seca
após a capina.

TERUKO ODA
(Pereira Barreto, SP, 13 mar. 1945)

Filha de imigrantes japoneses, Teruko Oda passou a infância no campo, observando o suceder das estações e o milagre da vida. Provenientes da ilha de Shikoku — ou "Quatro províncias" no idioma nipônico —, os pais aportaram no Brasil entre os anos 1920 e 1930. Trabalhando em propriedades rurais, com o passar dos anos compraram terras e dedicaram sua vida à agricultura.

Em *Furusato no uta: Canção da terra natal*, um comovente e com certeza pioneiro *haibun*, a autora rememora que seus pais foram dos primeiros assinantes da revista mensal *Kokage* (ou "A sombra da árvore"). Criada por Nempuku Sato em 1948, dedicada à prática do *haiku*, a publicação circulou ininterruptamente até a morte de seu fundador, em 1979. Em suas memórias, Teruko lembra também que seu pai passou a se interessar pelo poema japonês em 1946, influenciado pelo sogro e pelo cunhado, Hidekasu Masuda, o Goga, um dos maiores divulgadores do *haiku* e do haicai em nosso país.

Ainda segundo seu relato, Teruko passou a praticar o poema a partir de 1989. No ano seguinte, um haicai de sua autoria se distinguiu no v Encontro Brasileiro de Haicai. No mesmo ano, dois poemas seus foram coligidos na antologia *100 haicaístas brasileiros*. Ao longo dos anos, publicou vários livros dedicados aos versos japoneses. E assinou, com Goga, em 1996, a obra *Natureza, berço do haicai: Kigologia e antologia*, coletânea que tem por eixo o *kigo* (ou "termo de estação"), um dos principais elementos para o exercício do haicai.

O primeiro haicai é de *100 haicaístas brasileiros* (1990). O segundo foi publicado em *As quatro estações: Antologia do Grêmio Haicai Ipê* (1991). "Apesar do sol" e "Chuva de verão", em *Janelas e tempo* (2003). Os quatro seguintes foram divulgados em *Flauta de vento* (2005). "Vento de inverno", "Os cães no quintal" e "Final de eleição", no diário *Furusato no uta: Canção da terra natal* (2010). O último é de *Goga e haicai: Um sonho brasileiro* (2011).

AGRADECIMENTOS

a vida tratou-me bem
tive como quando onde
e nunca faltou-me quem

Rodolfo Witzig Guttilla

A Ciça, Arthur, Fred e Carminha, pela boa companhia.

A Julia Schwarcz e Camila Berto, pela parceria, a amizade e edição primorosa.

A José Eduardo Agualusa, romancista maior na língua portuguesa e haicaísta bissexto, minha gratidão pelo comentário da quarta capa.

Ao povo da qu4rta, saravá!

A Carlos Felipe Moisés, in memoriam.

CRÉDITOS

Todos os esforços foram feitos para determinar a origem e a data dos haicais publicados neste livro, bem como para entrar em contato com os autores e detentores de direitos. Nem sempre isso foi possível. Teremos prazer em creditar as fontes, caso se manifestem.

COPYRIGHT © BY OS AUTORES
Alberto Marsicano
Alice Ruiz S
Alonso Alvarez
Austen Amaro
Camila Jabur
Eunice Arruda
Fanny Luiza Dupré
Gustavo Alberto Correa Pinto
Jorge Fonseca Jr.
Marcelo Tápia

Paulo Franchetti
Primo Vieira
Régis Bonvicino
Ricardo Silvestrin
Sérgio Milliet
Teruko Oda

MANOEL DE BARROS
Copyright © by herdeiros de Manoel de Barros

MARIO QUINTANA
Copyright © by Elena Quintana de Oliveira

PAULO MENDES CAMPOS
Copyright © by herdeiros de Paulo Mendes Campos

SOBRE O ORGANIZADOR

Rodolfo Witzig Guttilla nasceu em São Paulo em 1962. Formado em comunicação e em ciências sociais, é mestre em antropologia pela PUC-SP. Foi repórter, editor, pesquisador, professor e executivo de empresas de bens de consumo. É autor de *A casa do santo & o santo de casa* (ensaio antropológico, 2006); participou de várias antologias de poesia como *Sopa de letras* (1984), *100 haicaístas brasileiros* (1990), *Qu4rta-feira* (2003), *Outra qu4rta-feira* (2009), *Roteiro da poesia brasileira anos 80* (2010), *Transpassar* (2016) e organizou outra: *Boa companhia: Haicai* (2009), publicada pela Companhia das Letras. Sua obra poética inclui ainda *apenas* (1986), *Uns & outros* (2005), *Um ano inteiro passa ligeiro* (haicais infantis, 2010) e *Ai! Que preguiça!...* (2015), este último também pela Companhia das Letras. Por fim, foi um dos fundadores do Grêmio Haicai Ipê, em 1987.

1ª EDIÇÃO [2018] 6 reimpressões

ESTA OBRA FOI COMPOSTA POR ACOMTE EM BERLING E
IMPRESSA PELA GRÁFICA BARTIRA EM OFSETE SOBRE PAPEL PÓLEN DA
SUZANO S.A. PARA A EDITORA SCHWARCZ EM ABRIL DE 2025.

FSC
www.fsc.org
MISTO
Papel | Apoiando
o manejo florestal
responsável
FSC® C105484

A marca FSC® é a garantia de que a madeira utilizada na fabricação do papel deste livro provém de florestas que foram gerenciadas de maneira ambientalmente correta, socialmente justa e economicamente viável, além de outras fontes de origem controlada.